"Tell me **your fantasy**."

"You're **gorgeous**!"

> "Well, I can't solve your problems, but I **am** a great listener."

"May I **rub** your **feet**?"

"Let's lie in bed **all day**!"

"You're **gorgeous**!"

"Well, I can't solve your problems, but I **am** a **great listener**."

"May I **rub** your **feet**?"

"**Flowers**, just because you're **fabulous**!"

"Let's lie in bed **all day**!"

"I've got nothing but **time** for you, **baby**."

"Tell me
your fantasy."

"You're **gorgeous**!"

"Well, I can't solve your problems, but I **am** a great listener."

"May I **rub** your **feet**?"

"Let's lie in bed **all day**!"

"Tell me **your fantasy**."

"Have some **more chocolate**. You look **thin** to me."

"You're **gorgeous**!"

"May I **rub** your **feet**?"

"**Flowers**, just because you're **fabulous**!"

....

....

....

....

....

....

....

....

....

....

....

....

....

....

....

....

....

....

....

....

....

....

....

....

....

....

....

"Let's lie in bed **all day**!"

"I've got nothing but **time** for you, **baby**."

"Tell me **your fantasy**."

"You're **gorgeous**!"

"May I **rub** your **feet**?"

"**Flowers**, just because you're **fabulous**!"

"Let's lie in bed **all day**!"

"Have some **more chocolate**. You look **thin** to me."

"You're **gorgeous**!"

"May I **rub** your **feet**?"

"**Flowers**, just because you're **fabulous**!"

"Let's lie in bed **all day**!"

"Have some **more chocolate**. You look **thin** to me."

"You're **gorgeous**!"

"Well, I can't solve your problems, but I **am** a **great listener.**"

"May I **rub** your **feet**?"

"**Flowers**, just because you're **fabulous**!"

"Let's lie in bed **all day**!"

"I've got nothing but **time** for you, **baby**."

"You're **gorgeous**!"

"May I **rub** your **feet**?"

"**Flowers**, just because you're **fabulous**!"

"Let's lie in bed **all day**!"

"I've got nothing but **time** for you, **baby**."

"You're **gorgeous**!"

"Well, I can't solve
your problems, but I
am a **great listener**."

"May I **rub** your **feet**?"

"**Flowers**, just because you're **fabulous**!"

"Let's lie in bed **all day**!"

"I've got nothing but **time** for you, **baby**."

"Have some **more chocolate**. You look **thin** to me."

"You're **gorgeous**!"

"May I **rub** your **feet**?"

"**Flowers**, just because you're **fabulous**!"

"Let's lie in bed **all day**!"

"I've got nothing but **time** for you, **baby**."

"You're **gorgeous**!"

"May I **rub** your **feet**?"

"Let's lie in bed **all day**!"

"I've got nothing but **time** for you, **baby**."

"Tell me
your fantasy."

"You're **gorgeous**!"

"May I **rub** your **feet**?"

"Let's lie in bed **all day**!"